QUADERNI CENNI

SOLDATI D'ITALIA DALL'ERA ANTICA AL XVII° SECOLO

Acquarelli di Quinto Cenni dalla collezione
di H. J. Vinkhuijzen
In appendice tavole di Claudio Linati

SOLDIERSHOP PUBLISHING

PUBLISHING'S NOTES

None of **unpublished** images or text of our book may be reproduced in any format without the expressed written permission of Soldiershop.com when not indicate as marked with license creative commons 3.0 or 4.0. Soldiershop Publishing has made every reasonable effort to locate, contact and acknowledge rights holders and to correctly apply terms and conditions to Content. In the event that any Content infringes your rights or the rights of any third parties, or Content is not properly identified or acknowledged we would like to hear from you so we may make any necessary alterations. In this event contact: info@soldiershop.com.
Our trademark: Soldiershop Publishing ©, The names of our series: Soldiers&Weapons, Battlefield, War in colour, PaperSoldiers, Soldiershop e-book etc. are herein © by Soldiershop.com.

NOTE ABOUT BOOK PRINTING BEFORE 1925

This book may contain text or images coming from a reproduction of a book published before 1925 (over seventy years ago). No effort has been made to modernize or standardize the spelling used in the original text, so this book may have occasional imperfections such as missing or blurred pages, poor pictures, errant marks, etc. that were either part of the original artifact, or were introduced by the scanning process. We believe this work is culturally important, and despite the imperfections, have elected to bring it back into print (digital and/or paper) as part of our continuing commitment to the preservation of printed works worldwide. We appreciate your understanding of the imperfections in the preservation process, and hope you enjoy this valuable book. Now this book is purpose re-built and is proof-read and re-type set from the original to provide an outstanding experience of reflowing text, also for an ebook reader. However Soldiershop publishing added, enriched, revised and overhauled the text, images, etc. of the cover and the book. Therefore, the job is now to all intents and purposes a derivative work, and the added, new and original parts of the book are the copyright of Soldiershop. On this second unpublished part of the book none of images or text may be reproduced in any format without the expressed written permission of Soldiershop. Almost many of the images of our books and prints are taken from original first edition prints or books that are no longer in copyright and are therefore public domain. We have been a specialized bookstore for a long time so we (and several friends antiquarian booksellers) have readily available a lot of ancient, historical and illustrated books not in copyright. Each of our prints, art designs or illustrations is either our own creation, or a fully digitally restoration by our computer artists, or non copyrighted images. All of our prints are "tagged" with a registered digital copyright. Soldiershop remains to disposition of the possible having right for all the doubtful sources images or not identifies.

LICENSES COMMONS

This book utilize may utilize material marked with license creative commons 3.0 or 4.0 (CC BY 4.0), (CC BY-ND 4.0), (CC BY-SA 4.0) or (CC0 1.0). We give appropriate attribution credit and indicate if change were made below in the acknowledgements field.
This book utilize only fonts licensed under the SIL Open Font License or other free use license.

ACKNOWLEDGEMENTS

A Special Thanks to the New York Public Library for their kindly permission to use several images of his collections used in the book.

Title: **SOLDATI D'ITALIA DALL'ERA ANTICA AL XVII° SEC. - cod. QC018**
By Luca Stefano Cristini. Tavole a colori di Quinto Cenni
First edition by Soldiershop Aprile 2018
Cover & Art Design: Luca S. Cristini.
ISBN code: 978-88-93273374 codice e collana Soldiershop Quaderni Cenni (QC018)
Published by Soldiershop publishing, via Padre Davide, 7 - 24050 Zanica (BG) ITALY. www.soldiershop.com

SOLDATI D'ITALIA DALL'ERA ANTICA AL XVII° SECOLO

QUADERNI CENNI

▲ Mappa della penisola italiana nell'era antica. Spruner 1865

I SOLDATI ITALIANI DI QUINTO CENNI

Nell'ambito del proprio impegno nei confronti del collezionista olandese Dott. Viskuezzen, il nostro Quinto Cenni realizzò anche una serie di "quaderni" dedicati ai soldati delle cosiddette epoche buie o tarde.
Addirittura una prima tavola è definita era preistorica. Vi sono poi disegni relativi alle antiche popolazioni italiche fino agli etruschi e ai soldati romani. Si passa poi agli armati di tutto il periodo medievale, alto e basso evo fino ad arrivare al Rinascimento e a si soldati di Venezia, Napoli e Piemonte.
Per finire con fantaccini e dragoni del tardo seicento e dei primi anni del settecento.
Raccolta inedita e assai curiosa del grande artista emiliano, noto soprattutto per i suoi studi sulle uniformi ottocentesche e risorgimentali.

Nella seconda parte, come appendice abbiamo inserito una raccolta di figurini romani tratti da una raccolta ottocentesca, dal gusto decisamente oleografico, appartenuta alla collezione Viskuezzen. Non sappiamo se sia stata fornita dallo stesso Cenni o meno. E' noto però che il collezionista olandese acquistasse non solo tavole originali dell'artista modenese, ma che a volta recuperasse anche materiale d'archivio che lo stesso Cenni gli mostrava e offriva, come forse il caso di questi quasi 40 figurini della Roma antica.
Tuttavia visto il soggetto e la trattazione del volume, siamo certi che il lettore apprezzerà questa nostra scelta e addenda...

I PRIMI ITALIANI

Col nome di **popoli dell'Italia antica** si indicano tutte quelle popolazioni stanziate nella penisola italiana durante l'Età del ferro fino all'ascesa di Roma. Questi popoli non erano tutti imparentati sul piano linguistico o su quello genetico. La conformazione dell'Italia, lunga penisola distesa nel mar Mediterraneo, ha nei fatti favorito il collegamento coi popoli nordici (celtici) e contemporaneamente, la presenza di un solido e massiccio interno montuoso ha prodotto una separazione di fatto isolando le popolazioni entro aree geografiche circoscritte.

Sul piano linguistico, si può distinguere fra popoli parlanti lingue indoeuropee e di fatto italiche e popoli parlanti lingue non indoeuropee ad esempio i colonizzatori di lingua greca.

Altri popoli, infine, non erano affatto indoeuropei. La classificazione completa di tutte le etnie italiane non è mai stata completata. Secondo il noto studioso italiano Giacomo Devoto tale classificazione è pressoché impossibile, trovandosi di fatto di fronte ad un numero quasi infinito di etnie.

L'Italia era già abitata sin dalla preistoria da popolazioni neolitiche. Contemporaneamente alla diffusione della lavorazione dei metalli, migrarono in Italia nuove popolazioni organizzate in società patriarcali e guerriere, parlanti lingue indoeuropee.

Le migrazioni di popolazioni indoeuropee in Italia, avvennero in diverse ondate principalmente da nord delle Alpi mentre quelle neolitiche specialmente dall'Africa.

La prima grossa migrazione avvenne attorno al 3° millennio a. C. (Età del rame). Una seconda ondata fra la fine del III e gli inizi del II millennio a. C. Portò alla diffusione delle popolazioni specialmente nella fertile pianura padana, in Toscana e nelle zone costiere di Sardegna e Sicilia.

Queste genti influenzarono fortemente anche le successive culture dell'età del bronzo antico. Durante la metà del II millennio a. C., nella pianura padana a sud del Po si sviluppa la civiltà dei terramare. La cui successiva crisi diede origine al Proto-Villanoviano. Nella prima età del ferro, la cultura protovillanoviana si suddivise a sua volta in differenti *facies* regionali che diedero origine alle prime genti italiche propriamente dette: la cultura Atesina (Proto-Veneti), Laziale (Latini), Villanoviana (Etruschi), Sicula (Siculi) ecc. Sul finire dell'età del bron-

▲ Cartina che raffigura la massima espansione etrusca.

zo nell'Italia nord occidentale: Lombardia a e Piemonte si impose la cosiddetta cultura detta della Golasecca, collegata a sua volta coi proto-celtici. Nella parte centrale della penisola si andava intanto affinando una similitudine etnico-linguistica, con ,o sviluppo delle popolazioni latine e le osche-umbre. Questi due gruppi di popolazioni parlavano lingue italiche, come appunto l'osco, l'umbro, il latino e il siculo ecc. Molto più misterioso ed oscuro invece la vicenda legata agli etruschi. Secondo alcuni migrati verosimilmente dall'Asia Minore in tempi assai arcaici, mentre secondo altri la loro presenza va fatta datare intorno al 900 a. C. nell'odierna Toscana, abitata dagli Umbri, quando i Protolatini popolavano già il Lazio a sud del Tevere. Le antiche popolazioni dell'Italia contemporanea nel loro complesso possono classificarsi in tre grandi gruppi etnici:

▲ Guerrieri etruschi. Tavola dell'autore.

Preindoeuropee o di origine dubbia: Etruschi, Liguri, Euganei, Reti, Camuni, Sicani, Sardi e Corsi.

Indoeuropei italici (Latino-Falisci e Osco-Umbri): Latini Capenati, Siculi, Ausoni-Aurunci, Campani, Opici, Enotri, Itali, Siculi, Elimi, Sabini, Piceni, Umbri, Sanniti, Osci, Lucani, Bruzi, Sabelli adriatici e Sabelli tirrenici (Ernici, Equi, Volsci).

Altri indoeuropei: Gli illirici Iapigi o Apuli i Veneti (probabilmente affini ai Protolatini, quindi Italici), i Rutuli (di origine ignota come gli Etruschi), i Celti (Boi, Cenomani, Senoni, Orobi, Leponti, Carni ecc.), i coloni Greci della Magna Grecia e delle altre colonie greche in Italia (Italioti, Sicelioti).

DECLARATION

Ayant reçu par M.r le Docteur Cav.r H.J. Vinkhuizen, médecin très distingué de La Haye, le charge bien agréable de représenter par des desseins colorés les différentes et nombreuse types des uniformes militaires du Royaume des Deux Sicilies des 1815 à 1860, je me suis mis tout de suite et avec ardeur a cette œuvre, mais j'ai du me convaincre que, à cause de l'incendie de l'Archive militaire de Pizzofalcone (Naples) 1876,(1) manquaient les principaux élements par un œuvre semblable, c'est-a-dire les descriptions officiales des uniformes des différentes corps. En conséquence de cette désagréable découverte, j'ai du exécuter mon travail uniquement sur les bases suivantes:

1.° Environ 200 documents officials pris de l'Archive de l'Etat à Naples.(2)
2.me Nombreux, mais pas tojours sûrs, types colorés des différentes époques, les uns déjà en ma possession, les autres fournis par M.r Vinkhuizen même. Avec l'aide des ces deux éléments, dont le premier est exact mais manquant et le second nombreux mais pas tojours exact, j'ai pu former cette œuvre, m'aidant encore, pour sa régulière liaison, avec mon exacte cognition des habitudes militaires espagnoles, anglaises et françaises des différentes époques des 1815 à 1860 auxquelles habitudes se conformait l'Armée Napolitaine, les modifiant du point de vue national.

Je ne sais si j'assure le vrai sur les uniformes de cette armée, mais je crois fermement que bien peu que ça puirra-t-on dir sur la même.

Quinto Cenni
peintre

Italie - Milan. Corso Porta Nuova 9
15-5-907

(1.°) Et plus particulièrement le 4.me département de l'Archive, "che, fra altro, trattava gl'affari del vestiario militare". (Lettre de m.r B. Ratti, directeur de l'Archive d'Etat de Naples du 12 septembeer 1906)
(2) Toujours en augmentation.

▲ Copia del contratto originale fra Quinto Cenni e il suo collezionista olandese, il Dott. Viskuezzen.

QUINTO CENNI
UN SOLDATO CHE NON FECE MAI IL SOLDATO...

Il nostro più grande e prolifico artista militare, Quinto Cenni nacque a Imola, all'epoca sotto il Regno Pontificio, il giorno di Pasqua 20 marzo del 1845 dall'avvocato (o dottore causidico nel volgo emiliano) Antonio e da Maria Sangiorgi, in una famiglia di solide tradizioni cattoliche, patriottiche, ma anche liberali (un cugino, il capitano Guglielmo Cenni, fu infatti un valoroso volontario garibaldino).

Quinto di nome e di fatto, era infatti il quinto dei dieci figli, i più morti prematuramente, che la famiglia Cenni ebbe. Trascorse i primi anni e compì i primi studi nella cittadina romagnola. Ancora ragazzino sviluppò una passione innata per il disegno ritraendo da subito quello che saranno i suoi soggetti per antonomasia, i soldati!

E in quegli anni ritrae principalmente quelli che gli passano sotto gli occhi; militari austriaci e pontifici che attraversano le polverose strade del paese. Alla prematura morte del padre, avvenuta nel 1856, la numerosa prole venne in parte dispersa, e in un primo tempo pare si chiudano per Quinto le possibilità di intraprendere gli studi di disegno, finché si trasferì con un fratello e una sorella a Bologna. Ed è qui, dopo varie tribolazioni, che il nostro consolida la sua vena artistica presto indirizzata negli ideali studi di pittura resi possibili da un generoso sussidio concessogli dalla amministrazione della sua città natia.

Nel 1864 perde anche la madre. Nel 1867 consegue finalmente il meritato diploma e lo stesso anno Cenni si trasferì a Milano che diverrà sua città d'adozione. Sempre del 1867 è il suo primo lavoro noto, oggi purtroppo scomparso, intitolato: "la tumulazione del generale inglese Moore, dopo la battaglia della Coruna in Ispagna".

Nella capitale lombarda egli si perfeziona nella tecnica dell'incisione, iscrivendosi ai corsi di xilografia e litografia dell'Accademia di Brera dove nel 1870 fu premiato per la litografia. Sono di questi anni gli esordi di quella poliedrica e monumentale attività dell'artista nel campo dell'illustrazione grafica. Dapprima collaboratore del periodico Emporio pittoresco, di cui fu il primo illustratore di soggetti a carattere storico-militare, disegnò poi per varie altre riviste come La Cultura moderna, La Lettura Epoca, L'Illustrazione italiana, La Rivista illustrata, Lo Spirito-folletto ed Emporium.

Oltre a lavorare per le riviste si dedicò anche all'illustrazione di libri, come *Niccolò de' Lapi* di Massimo d'Azeglio. la strada è ormai tracciata, Cenni prosegue infaticabile nei suoi progetti artistici ed editoriali, Nel 1870 pubblica il corposo *Custoza 1848-1866* e il numero unico *I Bersaglieri*, dedicato al famoso corpo di fanteria nel cinquantenario della sua costituzione. Negli stessi anni videro la luce anche gli album *L'esercito italiano*, *Eserciti europei* e *Gli eserciti d'oltre mare* editi tutti da Vallardi. Libri oggi molto ricercati da collezionisti di tutto il mondo. Questi primi vennero seguiti da *I Granatieri* (1887), *Nizza cavalleria*, *I Carabinieri Reali* (1894), *Cavalleggeri Saluzzo*, *Lancieri di Firenze* (1898 e 1900), *Avanti l'artiglieria* e *Il Genio militare*.

Quasi sempre editi da Vallardi, ma compaiono anche i primi tentativi di editare direttamente col nome Cenni! In questa nuova veste anche di editore, Quinto Cenni rompe gli indugi e nel 1887 fondò a spese sue *L'Illustrazione militare italiana*, illustrata con tavole e disegni militari. Impresa questa che durò per oltre un decennio terminando appunto nel 1897.

L'Illustrazione militare italiana valse al Cenni numerosi riconoscimenti, incarichi e una certa notorietà anche fuori dai confini nazionali. l'opera, la più importante realizzata del Cenni rappresentò quanto di meglio si pubblicava allora in Italia in merito alle tradizioni, la storia e la composizione dell'Esercito Italiano. Cenni sperò che questa pubblicazione potesse essere fonte di quel guadagno che gli era venuto a mancare per i dissidi con l'editore Treves. Il periodico fondato da Cenni, come detto fu accolto con grande favore e diffuso in vari Paesi, dove ebbe abbonati, corrispondenti e collaboratori. Il governo portoghese gli conferì la prestigiosa onorificenza dell'Ordine militare di Cristo. La pubblicazione gli diede molte soddisfazioni, ma purtroppo non quelle economiche. Ricchissima di notizie, anche relative a viaggi ed esplorazioni. Molti gli articoli di storia militare in particolare relativi a episodi risorgimentali. Fu sempre a seguito di questa opera che il ministero della Guerra italiano gli commissionò un album illustrato sulla campagna del 1859, che venne poi pubblicato a cura dell'Ufficio storico del Corpo di Stato Maggiore col titolo

Album della guerra del 1859. A questo importante lavoro seguirono poi il numero unico *Aosta la veja*, l'*Atlante militare* dedicato alle uniformi degli eserciti europei del tempo, e *L'Esercito italiano nella nuova divisa* (uniformi del 1910). Tra il 1912 e il 1913 lavorò all'*Album della guerra italo-turca e della conquista della Libia* che fu il primo lavoro italiano di questo tipo pubblicato a dispense, poi riunito in unico fascicolo. Nonostante l'enorme amore e trasporto per le divise e le uniformi, oltre che per tutti gli aspetti della vita militare, Quinto Cenni, il romagnolo naturalizzato milanese, che dedicò tutta la sua vita all'illustrazione del costume militare non vestì mai l'uniforme, non fece mai il soldato. Fu però di fatto un accasermato, poiché non perdeva occasione per stare attorno o nei dintorni di qualsivoglia struttura militare. Sempre molto vicino ai soldati che ritraeva di continuo, passando interi pomeriggi all'interno delle caserme dove, vista la sua fama consolidata, aveva ormai libero accesso, sempre accolto con estrema simpatia.

Quinto Cenni morì in piena prima guerra mondiale il 13 agosto 1917, dopo aver vissuto praticamente tutte le fasi risorgimentali del nostro paese, nella sua casa di proprietà di Carnate in Brianza mentre instancabile stava lavorando alla sua ultima serie dedicata ai Ducato di Modena e Ducato di Parma per il dottor Gustavo De Ridder e per il medico olandese H. J. Vinkhuijzen.

L'OPERA DI CENNI

La vastissima produzione artistica di Quinto Cenni è oggi custodita in parte dalle Istituzioni pubbliche e in parte da numerosi collezionisti privati sparsi per tutto il mondo. In Italia, presso il Museo Nazionale di Castel S. Angelo a Roma sono conservati 288 acquarelli. Questi sono in gran parte gli originali donati dagli eredi Cenni all'allora Presidente del Consiglio Mussolini. Il Museo

del Risorgimento di Milano a sua volta conserva oltre un centinaio di acquarelli sui volontari del Risorgimento.
Anche la Pinacoteca civica di Imola conserva qualche campione del suo illustre concittadino.. Ma è soprattutto l'Ufficio Storico dello Stato Maggiore dell'Esercito a possedere la gran massa dei lavori del Cenni. Oltre all'archivio privato dell'artista, una raccolta di moltissimi documenti divisi in vari volumi, dove Quinto e il figlio Italo dopo di lui hanno raccolto appunti e disegni sulle uniformi, sulle armi e sugli eserciti di tutto il mondo e tutte le epoche. Denominato Codice Cenni esso è costituito dalla raccolta dei lavori del Cenni realizzati fra il 1867 e il 1917. Unica nel suo genere, questa preziosa e irripetibile collezione si compone di venticinque album. Sono migliaia di soggetti in più di duemilacinquecento fogli, "soldatini" bellissimi e coloratissimi.
Vere e proprie pere d'arte nelle quali la cura del particolare e la puntigliosa descrizione degli oggetti di corredo e delle varie parti delle uniformi vengono fissate e arricchite spesso da commenti in lapis dell'artista a piè di pagina. Questo enorme dossier contiene anche migliaia di lettere, fogli, cartoline, blocchi per appunti, pagine di quaderno ricoperti di una scrittura inconfondibile, stralci di regolamenti, repertori militari, prescrizioni, opuscoli e circolari; molti fogli riportano schizzi, disegni, bozze di lavori e altro prezioso materiale fondamentale per ogni studioso di uniformologia.

LA COLLEZIONE VINKHUIJZEN

Recentemente, 50 acquerelli di Quinto Cenni sul Ducato di Parma al tempo di Maria Luigia, dei quali non si conosceva l'esistenza, sono comparsi in mostra al Museo di New York. Essi facevano parte della grandiosa collezione del già citato medico olandese H. J. Vinkhuijzen. Questi, un appassionato cultore di iconografia militare era un contemporaneo del Cenni, visse infatti fra il 1940 e il 1910. Collezionista eccentrico, il Dr. H. J. Vinkhuijzen, iniziò la sua carriera come medico dell'esercito olandese fino a diventare medico ufficiale di corte del principe Alessandro dei Paesi Bassi. La sua vasta collezione arrivò a contare oltre 32.000 soggetti. Moltissimi e pressoché sconosciuti quelli realizzati espressamente per la sua collezione da parte di Quinto Cenni. Dal 1911 la collezione è stata donata alla New York Public Library dal sig. Henry Draper erede del medico olandese. Ed è questa collezione a costituire la gran massa dei **Quaderni Cenni** che Soldiershop ha in corso di pubblicazione. Ogni immagine ha subito una rigorosa pulizia e ri-classificazione per fornire agli appassionati di storia militare e costume un opera complete e agevole, di notevole importanza per gli studiosi di uniformologia e non solo.

CENNI PITTORE ?

Quinto Cenni, pur avendone le possibilità non si dedicò praticamente mai al lavoro su tela, all'attività di pittore classico. Del Cenni infatti non esistono quadri famosi, preferendo egli dedicarsi di gran lunga al disegno, all'incisione e all'acquerello. Fra le poche opere note, la Galleria d'arte moderna di Milano conserva l'acquerello *Cannoniere al pezzo*. Nella Pinacoteca civica di Imola si può ammirare un suo Ritratto ma si tratta di un opera del figlio Italo. Sono noti alcuni quadri che l'artista romagnolo preparò per alcuni concorsi come quello a Milano del 1872 con il quadro *Il combattimento in Piazza Vendôme a Parigi tra Versagliesi e Comunardi* e nel 1881 all'Esposizione nazionale di Belle Arti con *La battaglia di San Martino*. Quinto Cenni fu sostanzialmente uno studioso entusiasta della complessa materia dell'uniformologia, materia che in Italia ha sempre avuto pochi cultori e specialisti.

BIBLIOGRAFIA DI QUINTO CENNI

Custoza 1848-1866, Album stroico artistico militare, Milano, 1878

L'Esercito italiano - Schizzi militari, Album, Milano, 1880

I Bersaglieri, Numero unico, 18 giugno 1886, Milano, 1886

I Granatieri, Numero unico, Milano, 1887

La commemorazione del 1º decennio della morte di Re Vittorio Emanuele II, numero unico pubblicato da L'illustrazione militare italiana, Milano, 1888

Aosta "la Veia", Numero unico, 1890

Nizza cavalleria!, Numero unico, 1890

Piemonte Reale cavalleria, Numero unico, 1892

I Carabinieri reali, Numero unico, 1894

L'Artiglieria italiana nelle guerre napoleoniche, Roma, Voghera, 1899

Avanti l'Artiglieria!, Numero unico, 1904

La Guerra Italo-Turca 1911-1913, Album illustrato

La campagna del 1859, Album illustrato

1849: Assedio di Roma, Foglio m 1,05x0,69

I Battaglioni della Speranza 1797-99, 1848-49, 1859-60, in Lettura, 1916

Diresse e illustrò L'Illustrazione Militare Italiana dal 1887 al 1897

OPERE ILLUSTRATE

B. Lencisa, Pasquale Paoli e le guerre di indipendenza della Corsica, Milano, Vallardi, 1890

P. Moderni, L'assedio di Roma nella guerra del 190.., Milano, La Poligrafica, s.a.

Alessandro Manzoni, I Promessi Sposi

Massimo D'Azeglio, Ettore Fieramosca

Massimo D'Azeglio, Niccolò de' Lapi

Francesco Domenico Guerrazzi, L'assedio di Firenze.

TAVOLE UNIFORMOLOGICHE SOLDATI D'ITALIA

Note alle tavole a colori

La parte predominante dei figurini pubblicati su questo libro sono opera di Quinto Cenni e fanno parte della collezione privata raccolta alla fine dell'ottocento dal Dott. H. J. Vinkhuijzen ora di proprietà della New York Public Library cui va tutto il nostro ringraziamento per la gentile concessione.

Ogni tavola ha subito una radicale pulizia grafica da graffi, segni e usure del tempo. Tutte le indicazioni riportate, quando presenti, si rifanno agli originali testi inseriti dall'artista ai piedi, a lato delle tavole o sul retro delle stesse.

era preistorica - avanti il diluvio 1a età della pietra (scheggiata)

era preistorica - dopo il diluvio 2a età della pietra (levigata)

era preistorica - epoca del bronzo e delle palafitte

476 a. C. - Epoca etrusca - fanteria

476 a. C. Epoca etrusca - cavalleria

476 a. C. - Epoca etrusca - fanteria

Epoca romana - fanteria etrusca (da Ferrario)

Epoca romana - cavalleria etrusca (da Ferrario)

Epoca romana - fanteria sannita

Epoca romana - cavalleria capuana

Epoca romana - ufficiale di cavalleria romana

Epoca romana - prima fanteria romana

Epoca romana - soldato catrafatto dell'Impero d'Oriente (da L.Menin)

Guerrieri italo romani secoli VI e VII (da L. Menin)

Guerrieri italo romani secoli VI e VII (da L. Menin)

1390 soldati italiani (collezione Cenni-Viskuezzen)

Cavaliere medievale delle due Sicilie

1200 c. cavalieri crociati con balestre

1100 c. Soldati Italo-normanni

1100 c. I comuni (la lega lombarda) dal bassorilievo dell'epoca in Milano

1100 c. I comuni (la lega lombarda) dal bassorilievo dell'epoca in Milano

1400 cavaliere italiano in tenuta da giostra

1400 alabardiere toscano

I condottieri: Guido da Montefeltro generale e Duca di Urbino

850 Longobardi - Sculdascio a cavallo

850 Longobardi - Gasindo in tenuta da cerimonia

1100 cavaliere crociato

I condottieri: Nicolò da Tolentino secolo XV (Dal Litta)

1510 repubblica di Genova - Fantaccini

1450 condottiere italiano

1510 Repubblica di Firenze - ufficiale e fantaccini (da L. Menin)

1500 cavalleria genovese

1515-50 Repubblica di Venezia cavaliere stradiotta

1500-1510 Repubblica di Venezia - Conte di Pitigliano capitano generale e ufficiale di fanteria

1515 Repubblica di Venezia - Fantaccino

1560 Repubblica di Venezia cavaliere "grave" con lancia

800 c. Soldati veneti (da L.Menin)

1560 Repubblica di Venezia cavaliere "grave" con lancia

1515 i Condottieri: Piemonte i fratelli Ferrero (dal Litta)

1550 cavaliere sabaudo

1560 Emanuele Filiberto cavalleria ducale (Collezione Cenni-Viskuezzen)

1579-1603 Esercito piemontese: archibugiere guardia

1685 Esercito piemontese - Guardia del corpo (da album Galateri)

1696 Esercito piemontese - Dragone guardiacaccia (da album Galateri)

1696 Esercito piemontese - Artigliere (da album Galateri)

1696 Esercito piemontese - Reggimento Guardie (da album Galateri)

1696 Esercito piemontese - Reggimento fucilieri (da album Galateri)

1602 Esercito Piemontese - Guardiano delle caccie (da album Galateri)

1696 Esercito piemontese -Reggimenti Chablais, Piemonte e Monferrato (da album Galateri)

TAVOLE UNIFORMOLOGICHE
2a PARTE
SOLDATI ROMANI
COLLEZIONE VISKUEZZEN

Impero romano - Centurione a cavallo

Impero romano - cavalleria

Impero romano - arcieri ausiliari

Impero romano - ausiliari barbarici

Popolazioni barbare

Guerrieri barbari

Impero romano - Soldati ausiliari

Impero romano - legionari in colonna

Impero romano - legionari in colonna

Impero romano - legionari in colonna

Impero romano - Imperatore in trionfo

Impero romano - Signiferi

Impero romano - Generali a cavallo

Impero romano - Amazzoni a cavallo

Impero romano - Soldati a cavallo

Impero romano - Cavalleria

Impero romano - Ausiliari sotto l'arco trionfale

Impero romano - Trombettieri e cornicen

Impero romano - Fasci littori

Impero romano - Comandante e tribuni

Impero romano - Fanteria ausiliaria

Impero romano - Comandanti e generali

Impero romano - Ufficiali superiori

Impero romano - Generale e aiutante

Impero romano - cavalleria barbara alleata

Impero romano - Ufficiali a cavallo

Impero romano - Signiferi a cavallo

Impero romano - Comandante di cavalleria

Impero romano - Cavalleria

Impero romano - cavalleria

Impero romano - Cavalleria signiferi

Impero romano - generale

Impero romano - Cavalleria signiferi

Impero romano - Prigionieri barbarici

Impero romano - Prigionieri barbarici

INDICE:

I soldati italiani di Quinto cenni	Pag. 5
I primi Italiani	Pag. 6
Biografia di Quinto Cenni	Pag. 9
Tavole Uniformologiche di Quinto Cenni	Pag. 13
Tavole Uniformologiche Impero Romano	Pag. 63

QUADERNI CENNI

Prestigiosa serie di 20 volumi per veri collezionisti; basata sulle prestigiose immagini realizzate dal grande pittore militare Quinto Cenni. Questi quaderni spaziano a gran parte degli stati pre-unitari italiani e non solo. Libri realizzati nel formato 20,5 x 25,5 composti da 100/150 pagine a colori e le tavole a piena pagina ed un prologo a commento delle uniformi trattate e della vita di Quinto Cenni.

www.ingramcontent.com/pod-product-compliance
Lightning Source LLC
Chambersburg PA
CBHW041516220426
43668CB00003B/42